OPCIONES BINARIAS:

Pasos por pasos Guía para ganar dinero con el comercio de Indices de volatilidad

por

Richard Lee

AVISOS LEGALES

DERECHOS DE AUTOR

Todos los derechos reservados. No se puede reproducir ninguna parte de este libro de ninguna forma, ya sea electrónico o mecánico, incluidas fotocopias, grabaciones o cualquier otro sistema de almacenamiento o recuperación informacional, o se puede volver a distribuir sin el permiso expreso por escrito del autor. Este libro no puede ser vendido bajo ninguna circunstancia; usted solo tiene derechos personales sobre este libro.

RENUNCIA

Al utilizar la información de este libro, usted acepta que se trata de material de educación general y no responsabilizará a nadie por las pérdidas o daños que resulten del contenido proporcionado aquí por el autor.

Tenga en cuenta que la negociación binaria y el comercio de otros productos apalancados implican un nivel significativo de riesgo y no es adecuado para todos los inversores. Antes de emprender cualquier transacción de este tipo, debe asegurarse de comprender completamente los riesgos involucrados y buscar asesoramiento independiente si es necesario. Cualquier opinión, u otra información contenida en este libro se proporcionan con fines educativos generales, y no constituyen asesoramiento de inversión.

Copyright © 2018 Richard Lee

Todos los derechos reservados.

TABLA DE CONTENIDO

Introducción 4

CAPÍTULO UNO 6

Introducción al comercio de opciones binarias 6

CAPITULO DOS 9

Cómo comercio Rise / Fall 9

    Estrategia de gusano gráfico de francotirador 9

    Reglas de esta estrategia 10

    Administración del dinero 13

CAPÍTULO TRES 15

Cómo comercio Touch / No Touch 15

    La plataforma de negociación 21

    Does Not Touch Trade Strategy 23

    MERCADO DEL OSO 23

    La estrategia de canales Keltner 24

    Cómo comercio canales de Keltner 24

    La estrategia de la frontera superior 25

    Estrategia arriba / abajo (subida / caída) 28

    Estrategia Moving Average 50 (The Red Line) 30

    MERCADO ALCISTA 31

    Estrategia del canal Keltner 32

    Cómo comercio la línea media de canales Keltner en un mercado alcista 33

    Moving Average 20 Strategy (La línea negra) 33

    Estrategia Moving Average 50 (The Red Line) 35

Administración del dinero 36
CAPÍTULO CUATRO 37
Cómo comercio Digit matches 37
- Digits Matches Strategy 38
- El número secreto 41
- Reglas de la estrategia 43

CAPÍTULO CINCO 45
Conclusión 45

Introducción

Gracias por comprar este libro. Mi objetivo final de escribir otro libro en Teach Yourself Series es ayudarte a comerciar y ganar dinero con las Opciones Binarias. No es necesario que le pagues a alguien una gran cantidad antes de que puedas aprender a negociar más, especialmente las Opciones Binarias.

Estoy compartiendo con ustedes aquí mi gran experiencia y estrategias en el comercio, que espero que también sean de ayuda para ustedes.

Tenga en cuenta que, al momento de escribir este libro, algunas características de la plataforma binaria podrían haber cambiado, pero los principios siguen siendo los mismos.

Todo lo que tiene que hacer es, literalmente, seguir todos los principios y la estrategia descritos en este libro y se le garantizará que consista de manera consistente con una alta proporción de ganancias, lo que se traduce en un retorno de la inversión (ROI) muy sorprendente.

Tenga en cuenta que el comercio no es un esquema de hacerse rico pronto. En realidad, puede comerciar y ganarse la vida si cumple con ciertas reglas y principios que lo guían. Estoy compartiendo con ustedes aquí varias estrategias que lo ayudarán a hacer eso.

Espero que la lectura de este libro no solo se traduzca en equiparlo con conocimiento sino que también lo ayude a ganar dinero en su negocio comercial.

Espero que no solo leas, sino que también apliques el conocimiento que has aprendido en este libro. Es entonces cuando vendrá su fortuna comercial.

Tengo una gran confianza en que lo que aprenderá, si implement le otorgará acceso al pastel de opciones binarias.

Feliz lectura.

Richard Lee

CAPÍTULO UNO

Introducción al comercio de opciones binarias

Las opciones binarias también se llaman opciones de todo o nada. Como comerciante de opciones binarias, tiene dos posiciones para decidir, ¿aumentará el valor de un activo o disminuirá durante un período de tiempo establecido? Dependiendo del resultado comercial, el pago es un porcentaje predeterminado o nada.

Por ejemplo, si un operador anticipa que el valor de EURUSD se apreciará en un período de tiempo determinado, y es correcto, entonces se beneficia de una cantidad fija. Sin embargo, si el valor de EURUSD cae, el operador pierde la cantidad total de la inversión. No importa si el activo excede el precio original en 1 punto o 50 puntos, el pago es el mismo.

Binario es más simple de intercambiar en comparación con Forex. No necesita saber demasiados detalles técnicos para comercializar opciones binarias a diferencia de Forex. Aparte de eso, las opciones binarias son a corto plazo, a veces tan rápido como tan solo 60 segundos, lo que permite intercambios y éxitos repetidos. Además, permite a los inversores aprovechar las tendencias del mercado tanto alcista (hacia arriba) como hacia abajo (bajista).

El comercio en sí es simple. Una vez que haya abierto su cuenta, vaya a la plataforma de negociación. Seleccione el activo que desea negociar, el tiempo de vencimiento, si el valor subirá (opción de llamada) o hacia abajo (opción de venta), y luego ingresará el monto que desea invertir. Usted tiene el control de su inversión en cada etapa. En el

momento del vencimiento, el pago establecido se agregará automáticamente a su cuenta si realizó el canje con éxito, o si el monto de la inversión se deduce de no ser así.
Si bien la mayoría de los intermediarios solo ofrecen a los operadores opciones de negociación de divisas, mercancías o acciones e índices, existe otro lado de las opciones binarias que binary.com ofrece a sus clientes para ganar dinero. Este es el índice de volatilidad.

El comercio de Volatility Index es un aspecto de las operaciones binarias que se negocian en la plataforma Binary.com. Es más estable en comparación con la moneda y no está sujeto a novedades, como lo hacen la mayoría de las parejas. Volatility Indices tiene muchos instrumentos para negociar como Volatility 10 Index, Volatility 25 Index, Volatility 50 Index, Volatility 75 Index, Volatility 100 Index y Bear and Bull market. Por favor, mira la imagen a continuación.

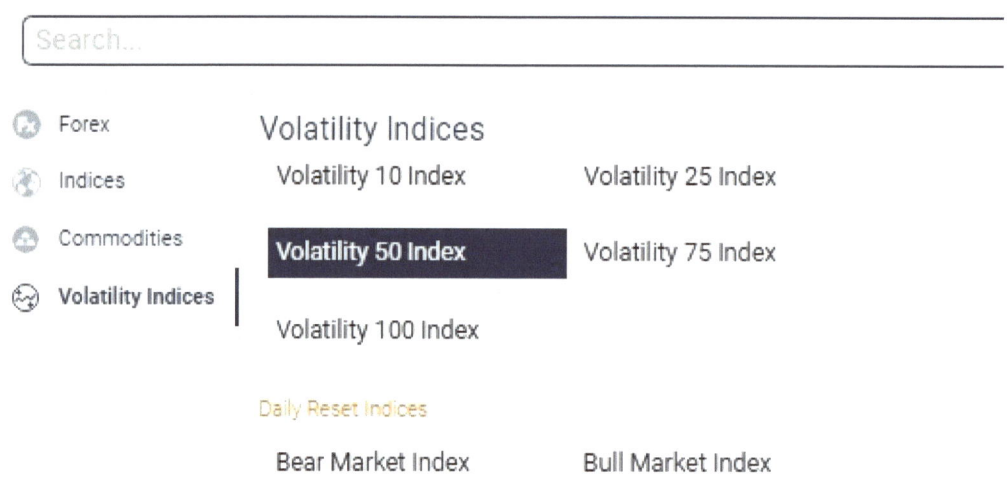

Hay varias opciones para negociar bajo cada índice de volatilidad. Tenemos Arriba / Abajo (Rise / Fall, Higher / Lower) Touch / No Touch, In / Out, Dígitos, Asiáticos y Lookbacks, etc.
Ver la imagen a continuación,

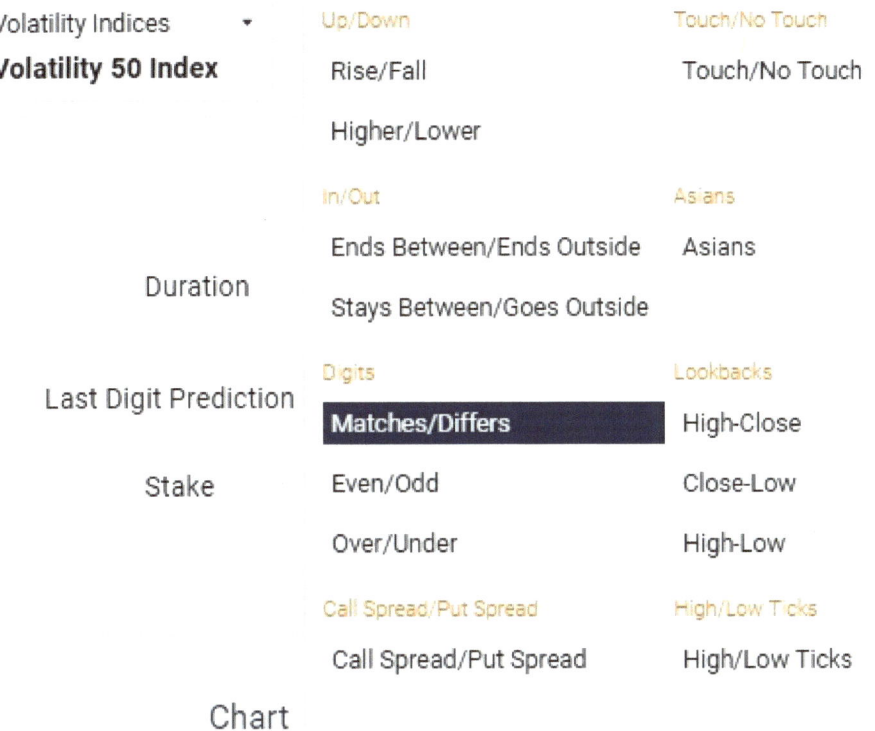

Es posible que deba abrir cada índice individualmente porque es posible que no encuentre coincidencias por dígitos en algunos mercados como Bear y Bull. De todos modos, es solo para darle una idea de varias opciones de negociación bajo Volatility Índices.

En este libro, te mostraré paso a paso cómo puedes cambiar UP / Down (Rise / Fall), Digit Matches y Touch / No Touch.

CAPITULO DOS

Cómo comercio Rise / Fall

Estrategia de gusano gráfico de francotirador

Permítanme explicarles cómo intercambiar el índice de volatilidad con esta estrategia.

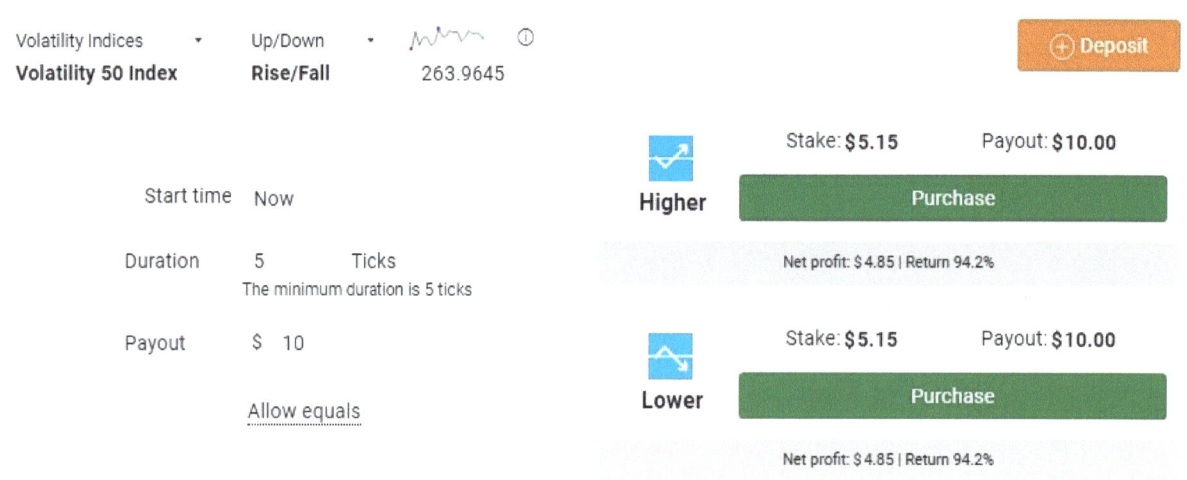

Esta es una estrategia Tick. Elija Arriba / Abajo y Subir / Bajar. En duración, elija 5 ticks, establezca sus apuestas o monto de inversión y puede hacer clic en mayor o menor.

En la imagen de arriba, ¿puedes ver la línea que señalé con la flecha roja? Ese es el gusano Gráfico. Tiene cuatro partes. La parte redonda pequeña roja, azul y verde. El extremo tiene la cabeza redonda verde como un gusano. La cuarta parte es el precio de visualización en color 264.0470 como se ve arriba. Ver la imagen a continuación

La flecha roja apunta a la parte redonda. La flecha azul apunta a la parte redonda y la flecha verde apunta a la cabeza del gusano.

Reglas de esta estrategia

Nuestro enfoque es la cabeza del Gusano y el precio de visualización del color que debe ser AZUL o ROJO. Cuando la cabeza del gusano cambia a ROJO, cuenta el siguiente precio de visualización de cabeza y color sucesivos. Si el siguiente precio de visualización de cabeza y color sucesivos también es ROJO al menos 3 veces sin ningún otro color intermedio, debe estar listo para tomar su posición (en este caso, MÁS ALTO). Luego, cuando esto ocurra, el siguiente color que aparezca es AZUL, inmediatamente haga clic en Más alto.

PERO si la cabeza del gusano es AZUL, cuenta el siguiente precio de visualización del color sucesivo, si AZUL consecutivamente sin ningún otro color intercalado entre ellos. Entonces prepárate para tomar tu posición que es más baja. Entonces, en este caso, inmediatamente aparece el siguiente color que es ROJO, haga clic mas baja.

Tenga en cuenta que el precio de visualización del color o el encabezado de AZUL indica ARRIBA o más alto, mientras que el color ROJO indica Abajo o más bajo

Veamos un ejemplo

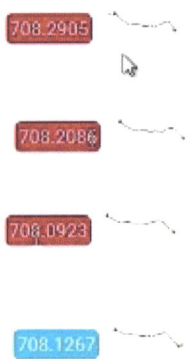

Como puede ver en la instantánea de arriba.

El primer precio de visualización en color fue ROJO junto con un gusano gráfico de cabeza ROJA. El siguiente color de número inmediato fue ROJO con cabeza ROJA. Esto fue seguido inmediatamente por otro número de color ROJO con otro gusano con cabeza ROJA.

Una vez que vea tres colores de visualización sucesivos y una cabeza del mismo color sin otro número de color o cabeza entre ellos. Prepárate para tomar tu posición.

Ahora, puedes ver que el cuarto número era AZUL con una cabeza VERDE. No importa. La secuencia del número se encontró con los tres números rojos anteriores y la cabeza en secuencia. Una vez que esto ocurra, haga clic en mas alto.

Y tenga en cuenta que inmediatamente el precio de visualización del color cambió a AZUL. Haga clic en mas alto simultáneamente.

Déjame mostrarte otro ejemplo.

[709.4699]

[709.6451]

[709.6835]

[709.6981]

[709.6948]

Las cabezas AZULES tienen un precio de color AZUL! Conde 1

El segundo precio del movimiento que aparece después de eso sigue siendo AZUL! Conde 2

El tercer precio del movimiento que aparece después de eso sigue siendo AZUL! Conde 3

Prepárate para hacer clic más abajo después de esto. Ya tenemos tres números AZULES y encabezados en secuencia que no se vieron afectados por otro número de color.

Y el precio de visualización en color sigue siendo AZUL, todavía está bien. No hay problema.

Después de esto, el precio de visualización del color cambia a ROJO, luego haga clic inmediatamente más bajo.

Déjame mostrarte otro ejemplo,

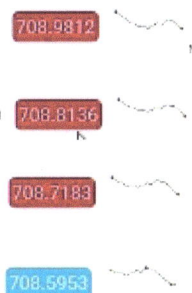

Las cabezas ROJAS vienen con el precio de color ROJO! Conde 1

El segundo precio del movimiento que aparece después de eso sigue siendo ROJO! Conde 2

El tercer precio del movimiento que aparece después de eso sigue siendo ROJO! Conde 3

Prepárate para hacer clic en una posición más alta después de esto. Ya tenemos tres números RED y encabezados en secuencia que no se vieron afectados por otro número de color.

Después de esto, el precio de visualización del color cambia a AZUL, luego haz clic inmediatamente más alto.

Pero, por ejemplo, si aparece el encabezado RED y empiezo a contar desde el primer encabezado ROJO, si el precio del color y el encabezado no están en SECUENCIA (desorganizado), el recuento no será válido. Voy a ignorar eso y buscar otra secuencia mejor.

Administración del dinero

Esta estrategia funciona y te ayudará a ganar dinero con Opciones Binarias de Volatility fácilmente que en moneda. Sin embargo, no hay una estrategia que sea 100% perfecta. Si una estrategia te ayuda a ganar 6 o 7 de cada 10 intercambios. Es una buena estrategia.

El otro aspecto clave de la negociación es la administración del dinero. En caso de pérdidas, debe estar listo para usar la Estrategia Martingale para recuperar sus pérdidas.

A continuación se muestra un formato de MATEALE de muestra que puede usar para recuperar su capital.

$0.5, $2.5, $6.25, $15.63, $39.07, $97.66.

Lo que esto significa es que si apostas $0.5 y pierdes, en la siguiente entrada comercial $2.5, si resulta en pérdidas, en la próxima operación nuevamente colocaste $6.25 y así sucesivamente en ese orden ... Al hacer esto, podrás recuperar sus pérdidas y aún así obtener ganancias después de cada intercambio.

Tenga en cuenta que la apuesta depende de su capital. También puede desarrollar su propio estilo de administración de dinero dependiendo de su capital.

CAPÍTULO TRES

Cómo comercio Touch / No Touch

Para cambiar Touch / No Touch, necesitará Trading View Platform para obtener el gráfico.

Hay dos formas de obtener su Plataforma binaria de vista comercial.
(1.) Puede ir directamente a https://tradingview.binary.com/v1.3.11/main.html o
(2.) Vas a binary.com en tu navegador y sigues los pasos a continuación

Haga clic en Plataformas como se muestra a continuación

Luego haga clic en más herramientas

Luego haga clic en Try Trading View como se muestra a continuación

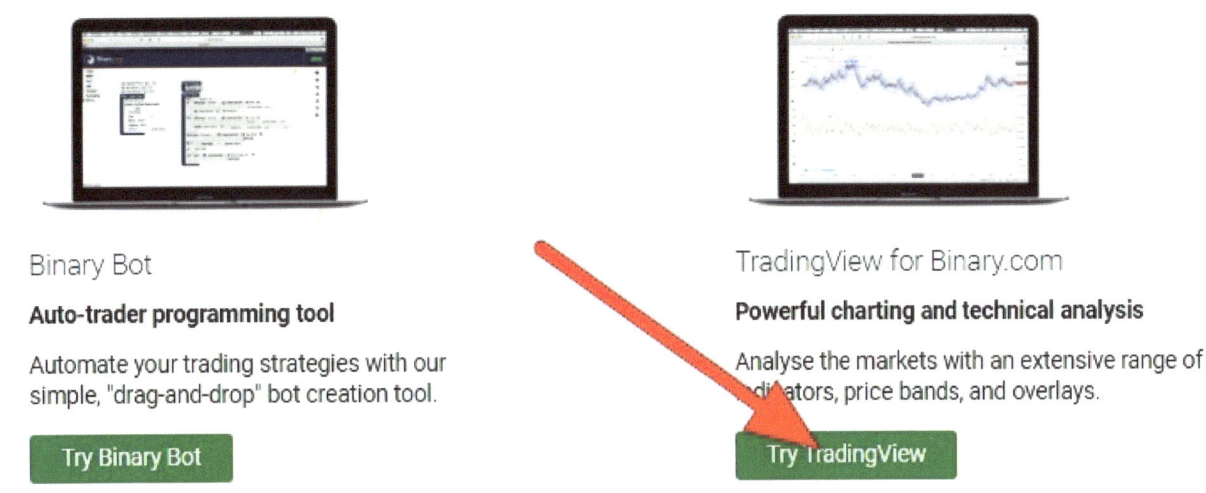

El gráfico se cargará así

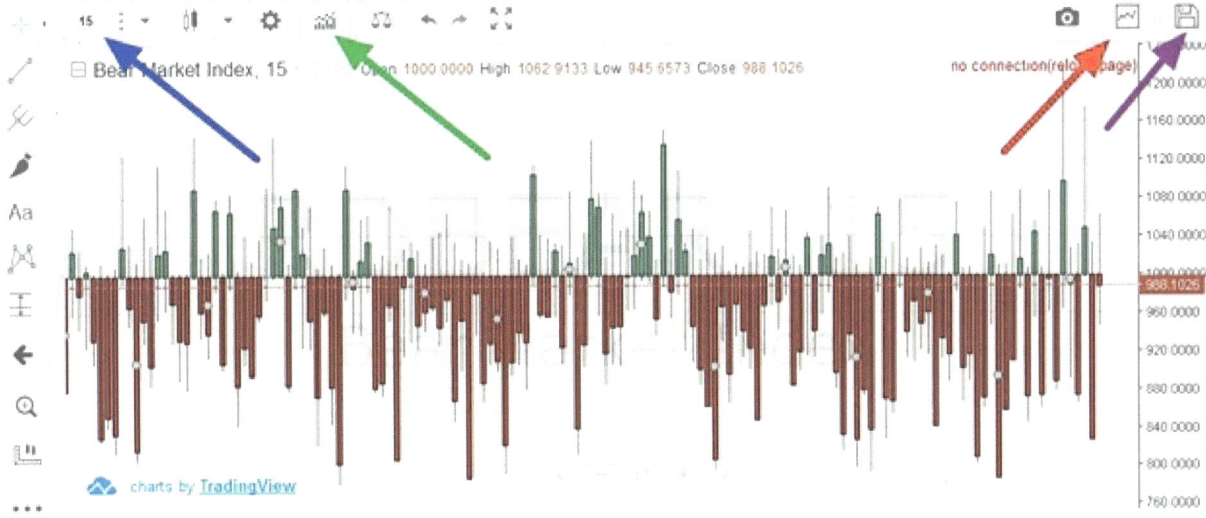

La flecha roja indica dónde obtener el instrumento para operar. Al hacer clic en él, se mostrará una página como la que se muestra a continuación y puede elegir Bear o Bull Market.

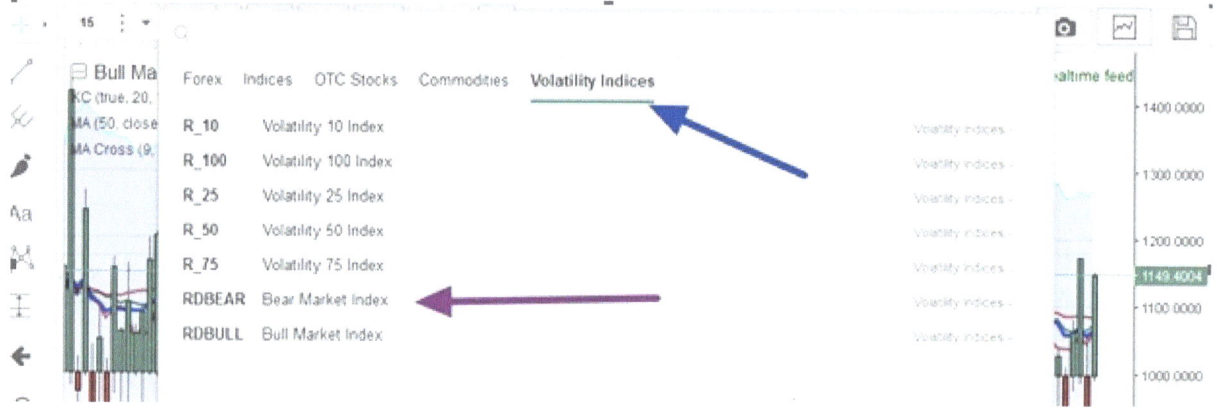

La flecha verde es donde elegir los indicadores.

La flecha azul es donde elegir el marco de tiempo, que puede ser de 15 minutos a horas.

Y la flecha púrpura es donde guardar la configuración para que pueda verla cuando vuelva a comerciar.

Ver foto de muestra a continuación

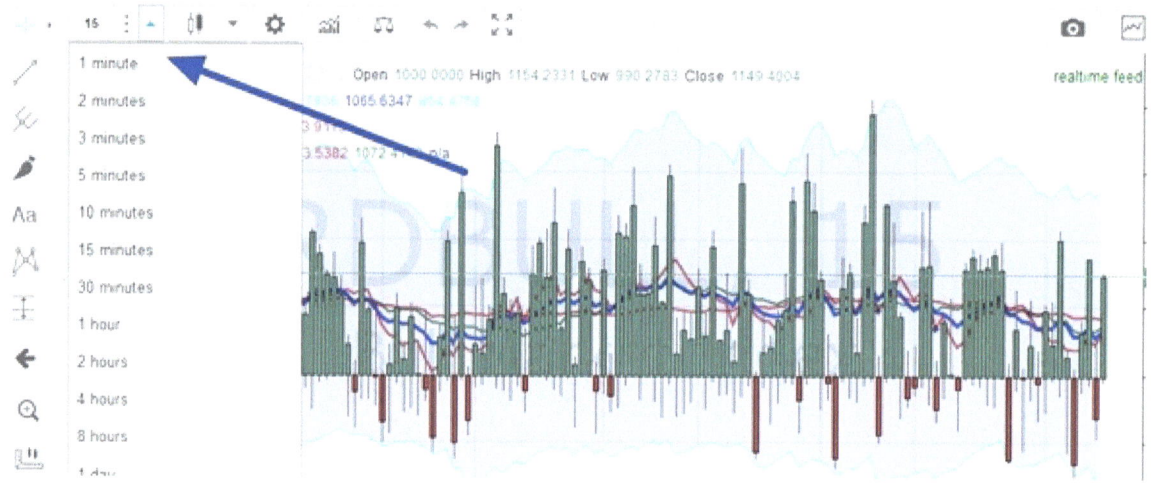

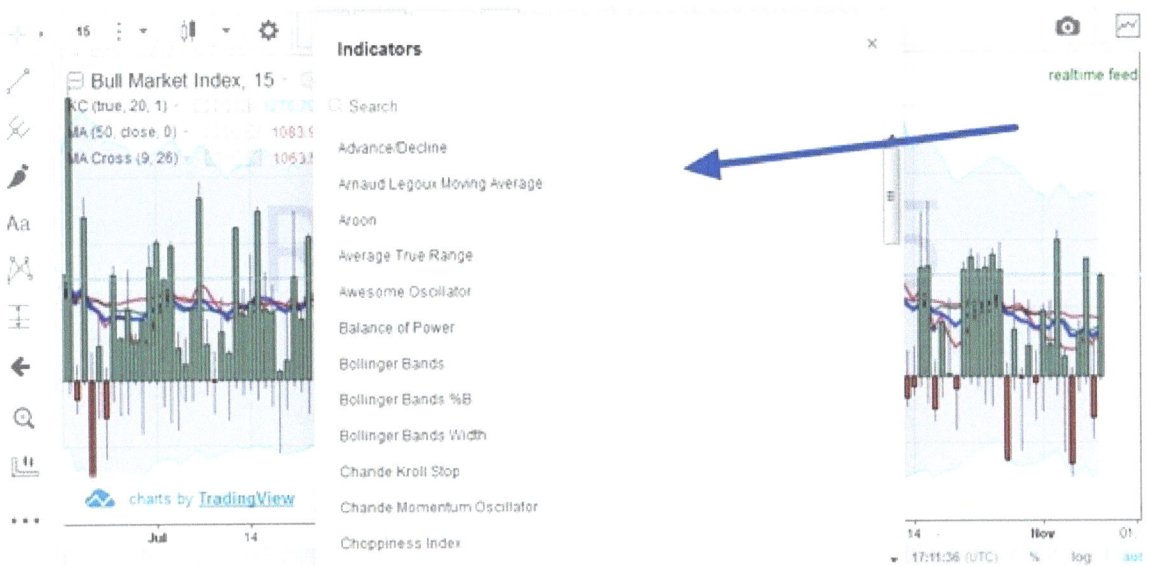

Una vez que su gráfico está cargado. Ahora configurará sus cuadros con dos indicadores para nuestra estrategia.

El primero es el promedio móvil y el segundo es el canal Keltner.

Para la configuración del promedio móvil

Elija Moving Average en los indicadores y complete los detalles como se muestra a continuación.

Vamos a hacer uso de Moving Average 20 y Moving Average 50.

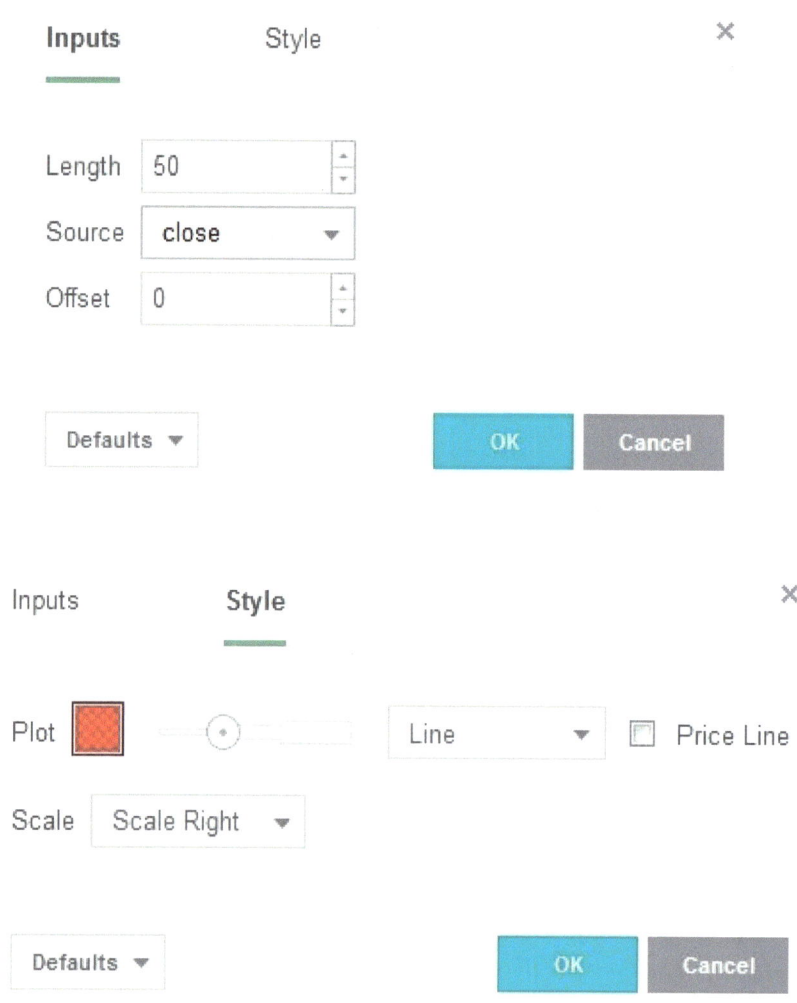

Estamos usando Red Color para Moving Average 50. Una vez hecho esto. Agrega Moving Average 20 también. Puedes elegir cualquier color de tu elección. Haga clic en Aceptar. Y se insertará en su gráfico.

Para la configuración del canal de Keltner

Elija Keltner en la lista Indicador y complete los detalles como se muestra a continuación. Estamos usando 20 debajo de la longitud como se muestra a continuación. Por favor tome nota.

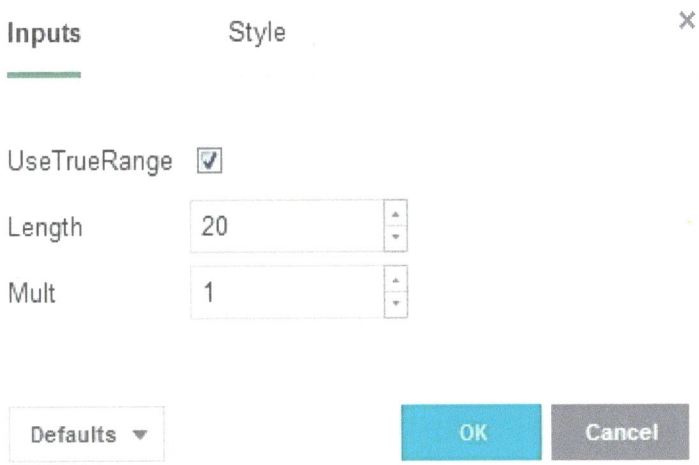

Puede hacer clic en Estilo para cambiar el color de las líneas. Kelter funciona como una Banda de Bollinger que tiene tres líneas. A cada una de estas líneas se le puede asignar un color diferente según su preferencia.

Vea abajo

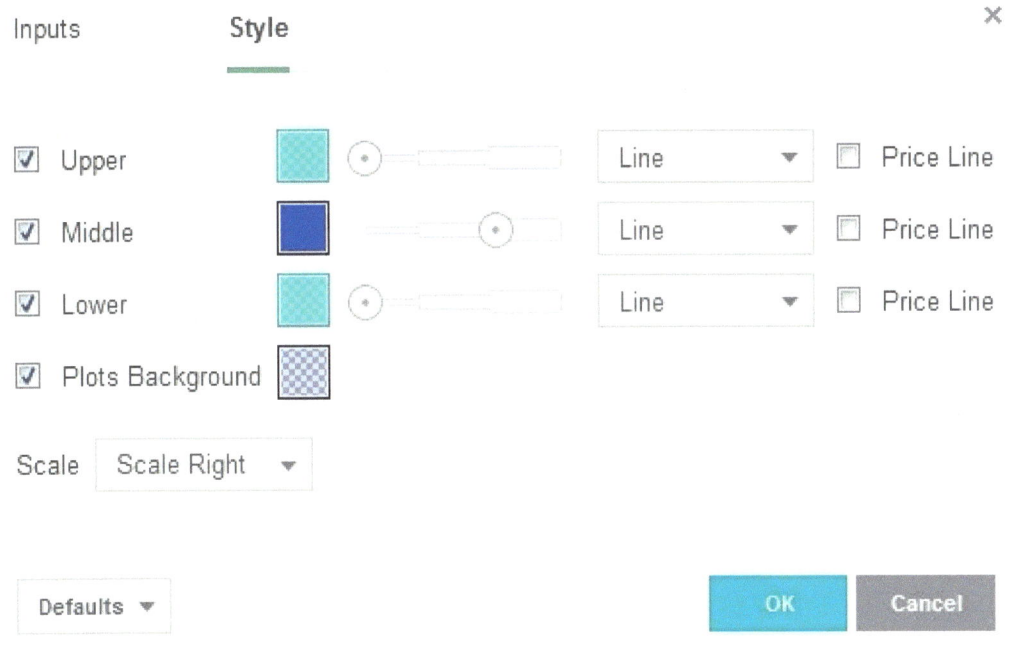

A continuación, haga clic en GUARDAR para guardar la configuración como plantilla, que puede abrir más tarde cuando se conecte a Internet.

Ahora cambie su período de tiempo a 15 minutos o 30 minutos o 60 minutos. Esto cambiará su tabla predeterminada donde tiene histograma a un gráfico como este a continuación

La plataforma de negociación

Hablemos de la plataforma de negociación

Haga clic en Índices de volatilidad. Elija Bear o Bull Market.

Luego cambia de Rise / Fall a Touch / No Touch

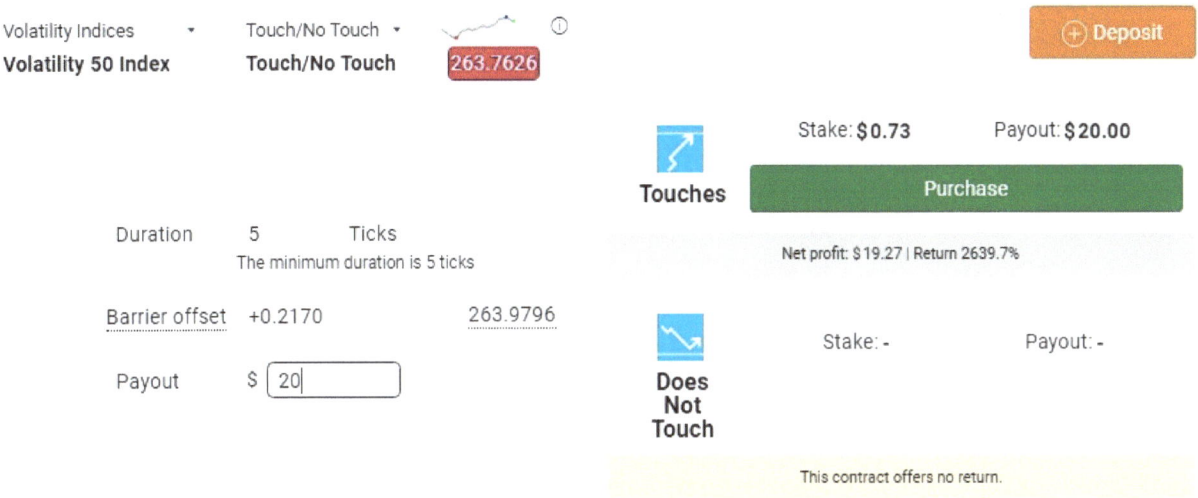

Duración: es el período de tiempo que prevé que durará su operación o desea que se ejecute su operación. Puede ser de 1 minuto de tiempo mínimo a 15 horas

Desplazamiento de barrera: es como su Stop Loss en Forex. Este corredor siempre le dará una barrera predeterminada. En la mayoría de los casos, esta barrera está muy cerca de su entrada. Todo lo que tienes que hacer es cambiarlo a tu propia barrera.
Cuando cambie su barrera, también notará que su apuesta aumentará mientras que su pago disminuirá o viceversa. La barrera predeterminada siempre te da un pago enorme con una apuesta muy baja. Pero una vez que reduces la barrera, tu apuesta aumentará y el pago disminuirá

Toques: en este caso, pronostica que el mercado tocará un nivel de precio determinado durante un período de tiempo.

No toca: en esta operación, pronostica que el mercado no tocará su barrera (nivel de precio) durante un período de tiempo determinado.

Veamos cómo cambiar "No tocar" usando Moving Average y Keltner Channel Strategy.

Does Not Touch Trade Strategy

En esta sección, te mostraré cómo comercio Does Not Touch usando los canales de Keltner. Sin embargo, tenga en cuenta que puede aplicar el principio detrás de esta estrategia para negociar ARRIBA / ABAJO (Subir / Bajar) también. No se limite a No toca. Puedes usarlo para intercambiar Rise / Fall también. La razón por la que le enseño Does Not Touch es porque si lo hace bien, fácilmente puede ganar más dinero con él, ya que le ofrece un mayor retorno de la inversión como 300% y superior comparado con Rise / Fall que le ofrece 30, 35% atimes o incluso menos.

MERCADO DEL OSO

La naturaleza de Bear Market es abrir alto y comercio más bajo. Esto significa que se abrirá o siempre se abrirá por encima del precio de cierre del día anterior, aumentará hasta alcanzar un nivel alto y luego disminuirá durante el resto del día. Esta naturaleza nos da una ventaja para conocer la tendencia de este mercado, que siempre es bajista.

Como se puede ver en la tabla anterior, el mercado se abre por encima del cierre del día anterior (a partir de 00GMT), subía y bajaba durante el resto del día. Puede consultar la tabla para confirmar esto. Por favor, compruebe la flecha roja. Se usa para mostrar dónde se abre el mercado y cómo sube hasta el máximo del día antes de que caiga.

Al comercio en el mercado Bear, tomamos nuestras señales comerciales únicamente en función de la vela bajista.

En este caso, estamos operando en línea con la tendencia: ser un mercado bajista. Como ya sabemos en Forex, la tendencia es tu amiga. No opere contra la tendencia.

La estrategia de canales Keltner

La configuración debe establecerse en 20, 1 como se muestra arriba en la página anterior. Hay dos formas en que puede negociar esta estrategia. Puede ser de corta o larga duración.

Para el comercio de corta duración
En este caso, usará 15 minutos o 30 minutos de tiempo (cuadro) para obtener su señal. El tiempo de caducidad (que es su duración) puede establecerse en 30 minutos o 60 minutos dependiendo de usted.

Para el comercio de larga duración
Establecerá su duración en 4 horas, 5 horas, etc..

Cómo comercio canales de Keltner

Hay dos formas de comercio canales de Keltner.

(1) Puede comercio velas que provengan del exterior del borde superior de los Canales Keltner y cerrarse debajo de la línea del borde superior o sobre ella.

(2) También puede comercio la banda media de los canales de Keltner

La estrategia de la frontera superior

Cuando la vela del oso que viene del exterior del borde superior de los Canales Keltner se cierre dentro de los canales de Keltner (ciérrela debajo). Entonces esperamos que la operación intente y toque la banda intermedia de los canales de Keltner.

En ese caso, colocamos DOES NOT TOUCH Trade y establecemos nuestra barrera como +6 del valor predeterminado. Si el valor predeterminado es +2.453, lo cambiaremos a +6.453. Otra forma de obtener la barrera es colocar el cursor aproximadamente 1 o 2 puntos por encima de la vela de señal. La vela de señal es la vela que se cruza o se cierra debajo del borde superior de los Canales de Keltner. Es la vela que nos está dando una pista o sigue adelante que sí, usted puede colocar su comercio ahora.

Tenga en cuenta que la barrera es como establecer su stop loss en el mercado de divisas.

Por favor, consulte las flechas en el cuadro a continuación para las operaciones de muestra

Bear Market Chart

Esta tabla tiene solo el Indicador de Canales Keltner

Otra muestra de intercambios a continuación

Esta grafico tiene los 3 indicadores mostrados.

Puede ver en el cuadro de arriba que el mercado o las velas venían del exterior del borde superior (del superior) y van más abajo dentro de los canales de Keltner.

Si observa cuidadosamente los cuadros anteriores, notará que mi marco de tiempo es de 1 hora. Lo usé solo para instrucción. Utilice un cuadro de 15 o 30 minutos para fines comerciales.

Y quiero agregar esto, cuando se activa una operación en su grafico de 30 minutos o 15 minutos, puede abrir su grafico de 5 minutos para elegir su entrada. Esto se debe a que, en ocasiones, el mercado retrocederá hacia arriba antes de que se mueva en su dirección, lo cual es una caída. Y si el retroceso es largo, puede golpear su barrera antes de que tome la dirección deseada. Por lo tanto, a veces es mejor esperar a que el retroceso termine en el plazo de 5 minutos antes de que realice su operación DOES NOT TOUCH. En este caso, su comercio será seguro y reducirá sus pérdidas en corto.

La estrategia de la banda media

En un mercado bajista cuando la vela bajista se cierra en la línea de banda media o por encima de ella, la operación (es decir, las velas siguientes y sucesivas) se moverá hacia abajo. En este caso, colocamos un comercio NO TOQUE. Y estableceremos nuestra barrera como +6 del valor predeterminado como se explica arriba.

Veamos ejemplos de comercio

La línea de banda media está indicada por la línea azul.

Estrategia arriba / abajo (subida / caída)

Como dije antes, estamos usando dos Moving Average 20 y 50. En este libro, Moving Average 20 está indicado con color negro, mientras que Moving Average 50 está en color rojo.

En un mercado bajista, cada vez que las velas se cierran por debajo de la línea Moving Average 20, el mercado caerá por el resto del día hasta el cierre del mercado. Lo que esto significa es que la tendencia ha bajado, y esperamos que el mercado continúe a la baja en línea con la naturaleza bajista del Bear Market. El mercado siempre respeta el promedio móvil 20 y una vez que lo cruza y cierra a continuación, la naturaleza del mercado es que tenderá a bajar durante el resto del día.

En esta estrategia, no vas a colocar DOES NOT TOUCH Trade. Cambiará el comercio UP / DOWN (subida / caída).

Duración: establezca su duración en más de 5-6 horas según la hora en que vea su señal.

Veamos ejemplos de comercio para Bear Market Chart

Estrategia Moving Average 50 (The Red Line)

En un mercado bajista, cada vez que las velas se cierran sobre o debajo de la línea Moving Average 50, la siguiente vela u operación se moverá hacia abajo. El mismo principio que observamos en Moving Average 20 también se aplica aquí. Cualquier cierre por debajo de la Media Móvil significa un cambio de tendencia, y se espera que negociemos en línea con la tendencia. El mercado siempre respeta la media móvil 50, y una vez que la vela la cruce y cierre a continuación, el mercado intentará continuar su caída. Una vez que se activa su señal, coloque su Operación Arriba / Abajo (Subir / Bajar) y configure su duración

La flecha azul indica la pérdida. Si va a comercio eso, espero que sea una pérdida, ya que no se movió en nuestra dirección prevista como se esperaba. Pero en total, todavía obtienes ganancias. De la grafico, tenemos 5 victorias y 2 derrotas.

MERCADO ALCISTA

La naturaleza de Bull Market es abrir bajo y negociar alto. Por lo tanto, se espera que cada vez que se abra, el precio caiga más bajo que el precio de cierre del día anterior y el comercio sea más alto durante el resto del día.

Como estamos negociando NO toca, usted establecerá su barrera. En este caso, ya que es un mercado alcista. Insertará el signo negativo (-) ya sea -6, -9, -15 etc. en el valor predeterminado que ve en la plataforma de negociación y establecerá su duración. Por ejemplo, si el valor predeterminado es 2.3456; lo cambiarás a -6.3456. Esto significa que está prediciendo que el mercado no tocará su barrera durante la duración establecida.

Veamos los intercambios de muestra para cada una de las estrategias como se discutió anteriormente…

Estrategia del canal Keltner

Como estamos lidiando con un mercado alcista, estamos mirando velas alcistas que vienen del exterior del canal Keltner, cruzando el borde inferior del canal y cerrándolo dentro.

Ver las flechas a continuación

Puede ver en el gráfico anterior que el comercio venía del exterior (proveniente de la parte inferior del día) cruzando el borde inferior, ya sea cerca de la línea o por encima de la línea y la tendencia es más alta.

Una vez que vea una señal como esta, colocará su comercio DOES NOT TOUCH. Establezca su Barrera como negativo del valor predeterminado y establezca su duración también.

Cómo comercio la línea media de canales Keltner en un mercado alcista

Cada vez que las velas alcistas se cierran sobre la línea media representada por la línea azul o por encima de ella, siempre se espera que continúe aumentando o aumentando. Una vez que se detecta esto, coloca su operación DOES NOT TOUCH.

Ver flechas a continuación para muestras de comercio

Bull Market Chart

Moving Average 20 Strategy (La línea negra)

En un mercado alcista, cada vez que las velas se cierran sobre la línea Promedio móvil 20, significa que la tendencia ha cambiado a tendencia ascendente, y ahora puede operar en línea con la tendencia. En tal caso, el mercado seguirá aumentando durante el resto del día. Su naturaleza será una tendencia más alta hasta el cierre del mercado.

Tenga en cuenta: en este caso, estamos comercio Arriba o Abajo (Rise / Fall) por el resto del día.

Cada vez que la vela alcista cruce la línea media móvil 20 y la cierre por encima, eso es todo por el día. El mercado continuará con una tendencia más alta hasta el cierre del mercado. Una vez que detecta esto, coloque su operación Up y establezca su duración para las horas restantes del día.

Salga de su comercio cuando le dé el doble de su apuesta o espere hasta el cierre del día si está seguro de que no se invertirá.

Vea las muestras a continuación según lo indicado por la fleche

Tenga en cuenta que para esta estrategia. Debe usar un marco de tiempo de 1 hora o gráfico para obtener su señal para el comercio.

Estrategia Moving Average 50 (The Red Line)

El mismo principio es para Bull Market. En un mercado alcista, cada vez que las velas se cierran sobre la línea Moving Average 50, el mercado continuará recuperándose. Una vez que esto ocurra, coloque su operación Arriba / Abajo (Subir / Bajar) y configure su duración

.

Muestro la flecha azul de arriba para indicar que si hubiera realizado esa operación, habría provocado una pérdida.

Una palabra de precaución

Esperaré que no coloques ciegamente un comercio. Lo primero que debe hacer es marcar el área de Soporte y resistencia en su grafico. Espero que sepas lo que significa Soporte y Resistencia? Son zonas en los gráficos donde el precio que sube puede encontrar resistencia y detener su dirección ascendente y cambiar a dirección descendente

(Resistencia) o zonas donde el precio que cae golpea el soporte y deja de caer y comienza a comprar (Soporte).

Una vez que dibujas tu Soporte y Resistencia, te imploro que ignores cualquier señal que te pida que coloques tu comercio Arriba / Más Alto alrededor de la Resistencia y tu Comercio Abajo / Más Bajo alrededor del Soporte. Esas son zonas de peligro que no harán su comercio para obtener ganancias.

Administración del dinero

Utilice la estrategia Martingale para recuperar pérdidas. Ese es el plan de administración de dinero que estamos utilizando para recuperar nuestras operaciones de pérdida y aún así obtener ganancias.

CAPÍTULO CUATRO

Cómo comercio Digit matches

Con la coincidencia de dígitos, se espera que prediga el último dígito del precio del índice de volatilidad después de 5-10 tics. Por ejemplo, usted ganará diez veces su dinero si predice que el último dígito de la quinta marca será 9 y así es. Pero, si predice 9, y el resultado es 8, perderá su inversión. Esto parece ser el más difícil, verdad?

No se preocupe, le daré el procedimiento paso a paso sobre cómo ganar dinero con la coincidencia de dígitos.

He mostrado la instantánea a continuación.

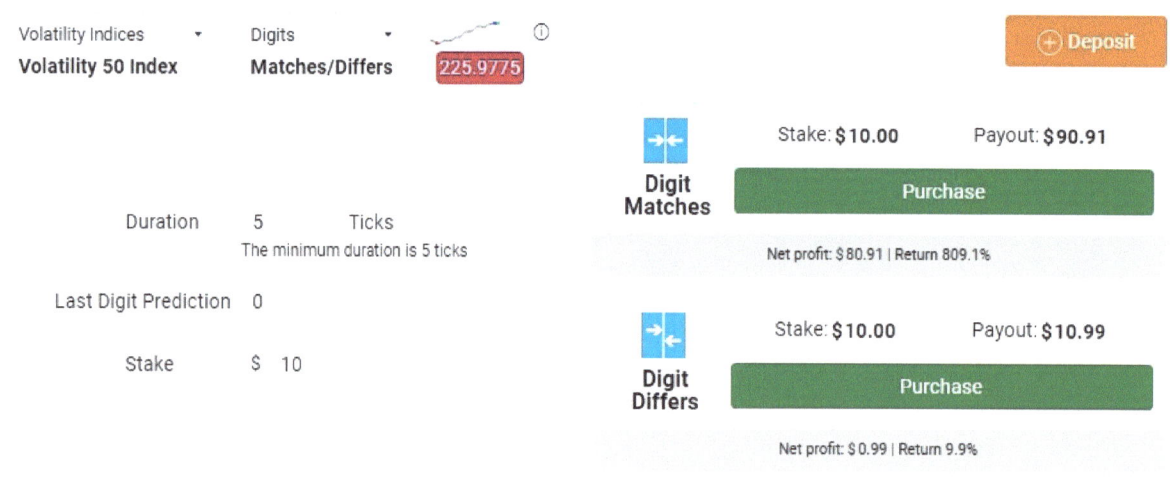

Una vez que haga clic en el índice de volatilidad de su elección, ya sea 10, 25, 50, 75 o 100. Cambie la flecha arriba / abajo a los dígitos con coincidencias / diferencias

Debido a que es muy fácil predecir Differs (prediciendo que los últimos dígitos de la 5ta tilde no serán un número elegido), los retornos son muy pequeños.

Para aprovechar al máximo esta estrategia, necesitará al menos $170 como capital para comenzar.

Digits Matches Strategy

Eche un vistazo a la tabla a continuación. Entiendes lo que significa? Explicaré cada columna por ti.

Ensayos	Estaca	Costo	Fijo	Devoluciones
1	$1	$1	$10	$9
2	$1	$2	$10	$8
3	$1	$3	$10	$7
4	$1	$4	$10	$6
5	$1	$5	$10	$5
6	$1	$6	$10	$4
7	$1	$7	$10	$3
8	$1	$8	$10	$2
9	$1	$9	$10	$1
10	$2	$11	$20	$9
11	$2	$13	$20	$7
12	$2	$15	$20	$5
13	$2	$17	$20	$3
14	$3	$20	$30	$10

15	$3	$23	$30	$7
16	$3	$26	$30	$4
17	$4	$30	$40	$10
18	$4	$34	$40	$6
19	$4	$38	$40	$2
20	$5	$43	$50	$7
21	$5	$48	$50	$2
22	$7	$55	$70	$15
23	$7	$62	$70	$8
24	$7	$69	$70	$1
25	$9	$78	$90	$12
26	$9	$87	$90	$3
27	$12	$99	$120	$21
28	$12	$111	$120	$9
29	$13	$124	$130	$6
30	$15	$139	$150	$11

ENSAYOS

Esta es la cantidad de ensayos que se realizarán en las que se espera que nuestros éxitos o ganancias se realicen a lo largo de los ensayos. Nuestro capital de $170 nos da el lujo de buscar a tientas desde la versión de prueba uno a la prueba treinta; a lo largo del cual se espera que hagamos un golpe. La belleza aquí es que no importa dónde hagamos nuestro éxito, siempre tendremos un beneficio.

ESTACA

Estaca simplemente significa la cantidad de dinero con la que estamos dispuestos a invertir o comerciar. Supongo que entenderás mejor simplemente mirando a través de la mesa.

COSTO

Este es el valor acumulado de nuestras apuestas. Para cuando realice su primera prueba, pagará $1. Pero para el momento en que realice su 11ª prueba, se habrán deducido $15 de su cuenta.

FIJO

Lo fijo aquí significa la cantidad que recibiremos cuando hagamos un golpe. Recuerde que nos pagan diez veces más de nuestra apuesta. Por lo tanto, nuestro FIJO en cualquier punto en el tiempo será multiplicado por diez de la apuesta en ese punto en particular

DEVOLUCIONES

Este es nuestro beneficio. Se calcula restando el COSTO del FIJO. Eso significa que si hacemos un golpe en la 12ª prueba; nuestro costo allí es $18. Debido a que apostamos $3 en la 12ª prueba, nuestro fijo; que es 10 veces nuestra apuesta será igual a $30. Por lo tanto, nuestro retorno en este punto, siendo FIJO menos COST equivale a $30 menos $18, lo que da $12. Eso significa que nuestras devoluciones en ese punto en particular serán de $12.

Procedimiento

En las coincidencias de dígitos, se espera que prediga desde el número 0 - 9, el número que será el último dígito decimal después del quinto tic. Una vez que su predicción es correcta, obtendrá 10 veces su apuesta.

Entendemos cómo esto funciona ya. Ingresará su apuesta, su predicción y haga clic en

Comprar coincidencias de dígitos.

Ahora eche un vistazo a esa mesa allá arriba otra vez. Allá arriba, hay "DEVOLUCIONES" como columna. Como expliqué, es nuestro beneficio. CÓMO?

Como dije, vamos a predecir el último dígito del quinto tic. Eso significa que tendremos una probabilidad de 1/10 (porque tenemos diez números del 0 al 9) y, como tal, esto parece muy difícil. No digo que te dé la magia de saber cuál será el último dígito correctamente. Pero, le daré una estrategia que garantizará que siempre sea un ganador, incluso si no predijo correctamente varias veces. Todo lo que buscamos es que pronostiquemos bien solo una vez en aproximadamente 25 ensayos. Esto significa que si predecimos erróneamente por 16 veces y para la 17ª predicción, predecimos correctamente, tendremos una ganancia. Lo que estoy equipándolo es lo que se llama un riesgo perfectamente calculado. La única tarea con la que estás a la sombra es elegir un número entre 0 y 9. Todo lo demás será resuelto.

El número secreto

Sabes muy bien que tenemos que elegir un número del 0 al 9 como nuestra predicción de que esperamos ser el último dígito después del quinto tic. ¡Bueno! Ahora, déjame darte el número secreto y la estrategia secreta. Los números son 0, 1, 2, 3, 4, 5, 6, 7, 8 y 9. Los diez, por supuesto. Como puede ver, todos ellos tienen probabilidades iguales. Pero a veces suelo ir por números más grandes. (5, 6, 7, 8 o 9) con razones inexplicables. Además, al buscar estos números más grandes, a veces prefiero incluso el número entre ellos (6 u 8).

Por el contrario, si no tiene idea de ningún número y desea asociar realmente su número de elección a algo, entonces esto puede tener mucho sentido para usted.

Mira esta instantánea a continuación

Haga clic en Estadísticas de último dígito como se indica con la flecha AZUL. Esto significa estadísticas. Si hace clic en él, traerá un gráfico circular que trazará la frecuencia de aparición de cada número del 0 al 9 para las marcas establecidas que haya elegido. Puede decidir trazarlo para los últimos 100, 200, 300 ticks pasados. Esto le dará una idea de la frecuencia con que cada número ha aparecido para las marcas pasadas. Elija las últimas 100 marcas si debe usar las estadísticas porque brinda información reciente. Tenga en cuenta que el número con el porcentaje más alto es el número que apareció más en los últimos 100 tics.

NOTA:

El número que elegimos no es de ninguna manera nuestra estrategia. La estrategia radica en la fórmula tabulada. Y tenga en cuenta que CUALQUIER NÚMERO QUE ELIJA, NO DEBE CAMBIARLO HASTA QUE HAYA GANADO. Después de haber ganado, puede decidir usar otro número.

Debe comenzar de nuevo desde el principio una vez que gane. (1ra prueba hacia arriba) Por ejemplo, si elige 8. En su primera prueba, no se mostró (pierde su $1); 2da prueba, no se mostró (pierde $1 más, gana $2); hasta la séptima prueba (pierde otro $1, sumando hasta $7) y si en la octava prueba, gana, ganará $10. Esto menos el costo acumulado de $8 te dejará con $2 de ganancia.

El punto aquí es que no debes cambiar el 8 (tu predicción) hasta que hayas ganado. Si te atreves a cambiarlo, perderás tu dinero. Después de hacer su golpe, puede optar por cambiarlo o decidir continuar con él. Pero, nunca lo cambies en absoluto cuando un juego todavía está encendido sin un ganador. Una vez que no lo cambie, estoy seguro de que ganará antes de su 23ª prueba. No importa que tan malo. Y recuerde, no importa dónde realice su golpe, está seguro de obtener el retorno. Solo adhiérase a la fórmula tabulada y deje que sea su guía.

Otra nota de advertencia es que ESTA ESTRATEGIA SOLO PUEDE UTILIZARSE UNA VEZ EN 3 MESES. Si lo usa este mes y tiene la intención de probarlo el próximo mes, no funcionará. Esto puede deberse al hecho de que el corredor observa nuestras operaciones, y una vez que notan su secuencia de ganancia, cambiarán el algoritmo de los números. No queremos jugar en sus manos.

Reglas de la estrategia

- Abra tanto la cuenta virtual como la cuenta real.
- Use la cuenta virtual para probar su mano con esta estrategia.
- Por favor, asegúrese de practicar con su cuenta virtual y construir su confianza muy bien antes de ir a la cuenta Real.
- Tan pronto como esté listo para tomar participaciones, configure todos sus

parámetros según las instrucciones

- Decídase por el número que desea usar
- Una vez que comiences, nunca cambies tu número, sin importar cuánto tiempo te tome dar un golpe; si lo haces, perderás.
- No seas hipertenso si no has tenido éxito. Puede aparecer en la 24ª prueba o incluso más.
- No debes relajarte en medio de las apuestas. Una vez que el resultado finaliza para la primera prueba, alimente la segunda prueba inmediatamente y así sucesivamente, hasta que realice su golpe. Esto garantiza que no haga que sus pruebas sean independientes sino que dependan unas de otras. Esto acelera tu golpe.
- De acuerdo con nuestra estrategia, se espera que haga solo 5 visitas por día. Esto se puede lograr en 15-20 minutos.
- Con 5 visitas por día, un promedio de $ 20 por día es seguro. Eso da $ 100 por semana. Esto le da un objetivo de $ 400 por mes.
- No seas avaricioso. Si eliges serlo, estás invitando a problemas.
- Una vez que se hayan realizado los 5 hits del día, cierre la sesión y calcule sus ganancias del día.
- Si todos estos se siguen estrictamente, sus $ 400 están 100% garantizados en el mes con esta estrategia sola.

CAPÍTULO CINCO

Conclusión

Permítanme decir con razón que los principios enseñados en Touch / No Touch se pueden usar para cambiar Arriba / Abajo (Rise / Fall). A veces, el trading de Does Not Touch puede ser muy arriesgado, en tal caso, aplique la estrategia para negociar Rise / Fall.

Siga todas las instrucciones en este book y se sorprenderá de lo que resultará ser su mundo. No seas codicioso y nunca seas pesimista. Además, no seas perezoso. Creo que este ebook es autoexplicativo. Lea cuidadosamente y esté en Internet para practicar todo lo que se enseñó en él. Con esta guía, creo que puede comenzar con su cuenta virtual dentro de las 12 horas posteriores a la lectura de esta guía.

Los invito a probar las estrategias de Trend Trading de mi amigo elaboradas en su libro [Opciones Binarias: Guía de paso por pasos para ganar dinero con el comercio de Opciones Binarias.](#)

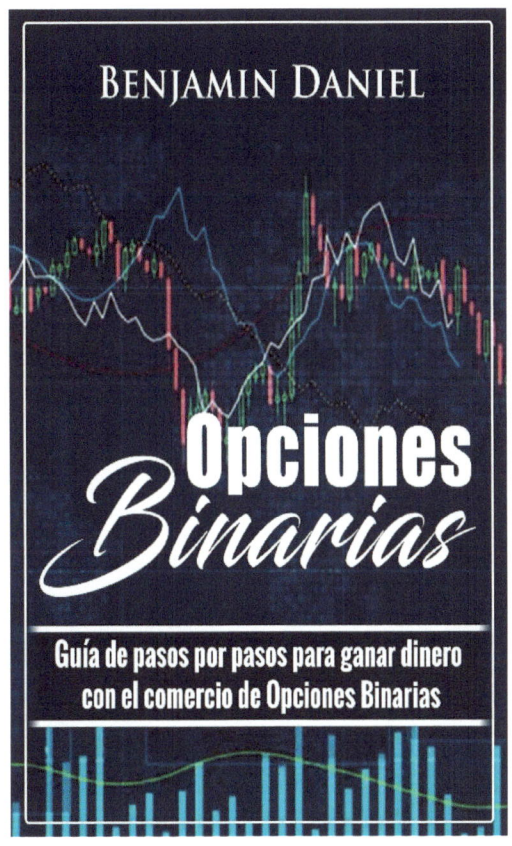

Discutió en detalle acerca de Trend, cómo conocer la tendencia, tanto manualmente como usando indicadores, y cómo puede cambiar el retroceso de cualquier tendencia en Opciones binarias. Las estrategias descritas allí también se pueden usar para negociar índices de volatilidad para UP / Down (Rise / Fall) y Touch / No Touch. Es un libro muy bueno que te ayudará mucho.

****

Gracias por leer! Si disfrutaste este libro o lo encontraste útil, te estaría muy agradecido si publicaras una breve reseña en el sitio desde el que compras este libro. Su apoyo realmente hace una diferencia y leo todas las críticas personalmente para obtener sus comentarios y hacer que este libro sea aún mejor.

"Gracias de nuevo por su apoyo!"